企业人力资源风险管理 200 句

漆明 著

西南交通大学出版社·成都

图书在版编目（ＣＩＰ）数据

企业人力资源风险管理 200 句 / 漆明著. —成都：
西南交通大学出版社，2021.7
ISBN 978-7-5643-8122-6

Ⅰ. ①企… Ⅱ. ①漆… Ⅲ. ①企业管理 – 人力资源管
理 – 风险管理 Ⅳ. ①F272.92

中国版本图书馆 CIP 数据核字（2021）第 136182 号

Qiye Renli Ziyuan Fengxian Guanli 200 Ju
企业人力资源风险管理 200 句

漆明 著

责任编辑　周　杨
封面设计　阎冰洁
出版发行　西南交通大学出版社
　　　　　（四川省成都市二环路北一段 111 号
　　　　　西南交通大学创新大厦 21 楼）
发行部电话　028-87600564　87600533
邮政编码　610031
网址　http://www.xnjdcbs.com
印刷　四川玖艺呈现印刷有限公司
成品尺寸　146 mm×208 mm
印张　7.75
字数　193 千
版次　2021 年 7 月第 1 版
印次　2021 年 7 月第 1 次
书号　ISBN 978-7-5643-8122-6
定价　42.00 元

序 言

　　风险是现代性的伴生物，与现代经济社会单元形同孪生。

　　现代企业的风险在在如此。企业人力资源管理核心之一就是用工的合规与风险管理。这一风险管理集中体现出过程性、系统性、目标性与变化性，成为企业立足市场洪流、安生立命之本。没有人力资源管理，就没有企业管理；不重视人力风险管理，也就达不到人力资源的功能舒张。本书的问题意识正是在上述基础上生发得来。

　　本书作者漆明女士，既是劳动法实务的专业律师，又是涉劳动法相关理论研究的一把好手，在办理大量劳动法案件时常常担当企业人力资源管理的授业解惑者。这也体现出其所在执业机构——四川明炬律师事务所对专家型律师培养的专注感与专业度。

　　身为明炬所党委书记、主任，我然是欣慰。

　　发现本书的魅力并不是一件难事。以上介绍加总起来，便可大致归纳本书的内容与结构之重点。

一是在内容上，本书的基本观点是：人力资源管理，特别是其（用工）风险（合规）管理，不能简单等同于法务管理，虽然其当然不能脱离法务管理这条基本线。法务的限权是约束企业资本扩张的必要平衡手段，但现实的力量要求企业人力资源管理具备在约束中求生存、求发展的策略能力，亦即在约束中"反约束"。这或许就是本书所讲的，"如何提供风险可控的支撑"，"以性价比最高的方式采取措施"，以至达成"法律风险最小化、组织利益最大化"。最好的风控者或合规官，并不是什么都不做。

二是在结构上，本书深刻结合人力资源理论与律师实务的内在联系，以看似一问一答、自问自答的"普法"方式，道出了只有熟稔、老练之笔，甚至"高瞻远瞩"或"沉潜洋底"才可着墨的问题域。这些问题域既有理论爬梳与阐发的价值，又是实操的细密方法之所在。

正所谓：人力资源系统叙，法务经验差毫厘；问答之间功力显，衡平嘈切字珠玑。

在选题的交叉、深入性，行文的简练、精准力，阐述的理论、实用度上，本书无一不值得推荐。

是为序。

王宗旗

四川明炬律师事务所党委书记、主任

2021 年 6 月 27 日

前　言

少即是多。

　　写这本书的目的，是希望用最为精练的语言，将人力资源管理中的常见风险认知问题进行概括与提炼。管理者们可以用更少的时间，或利用出差途中的碎片时间进行阅读，以发现组织在人力资源管理方面可能存在的风险问题，思考什么样的用工风险管理策略更适合自己的组织。

　　很多问题实际是一层窗户纸，一旦捅开，换个角度，或许可以豁然开朗。希望这本书可以帮助看到问题的实质，从而见山见水。

　　构建和谐劳动关系需要用人单位和劳动者双方的共同努力。

CONTENTS

I

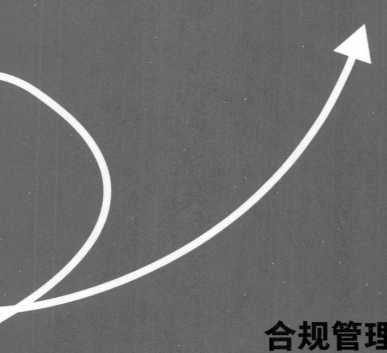

合规管理和
风险管理

本章将通过 32 句【解读】对人力资源管理中的风险管理问题进行综合性阐述。通过解读帮助发现、了解组织中普遍存在的风险管理认知误区，以及组织应如何选择恰当的风险管理策略。

001

用工合规管理和风险管理是组织人力资源管理工作中的一部分，其并非与人力资源管理并行的另一条法务管理线。

【解读】

没有用人单位就无需雇佣，没有雇佣也就无需人力资源管理，无人力资源管理也就不存在因管理行为而引发的风险和法律责任。

单纯的法律思维并不能解决用工风险管理问题。

002

　　用工合规管理和风险管理不可偏离人力资源管理的基本逻辑。

【解读】

　　皮之不存，毛将焉附，用工的合规管理和风险管理是建立在人力资源管理基础之上的人力资源管理工作的一部分。

003

只懂法律规定是无法做好人力资源合规管理和风险管理的，哪怕将法律条款倒背如流。

【解读】

当企业遇到某一个合规问题时，常常得到的答复是"这是违反法律规定的"。管理不是提出问题，而应是解决问题。

大家大概还记得 2020 年年初，某地 CEO 与其 HRD 互怼的恩怨故事。CEO 怼 HRD 不专业，HRD 回怼 CEO 的管理不合法，后 CEO 批判 HR 十宗罪并称要撤掉人力资源部。这个连续剧煞是热闹和跌宕起伏。

恩怨故事的起因源于 HRD 告诉 CEO，根据人社部公布的文件，疫情延迟复工期间，虽然员工不得返岗上班，但是企业应当向员工正常支付工资。CEO 立刻炸毛，然后双方开始互怼攻击。HRD 作为专业的人力资源管理者，甩给 CEO 一个人社部的规定，要求工资照发，如果不发即是违法。作为企业人力资源负责人的 HRD 只陈述文件规定的做法显然不够妥当。

首先，HRD 应思考，国家在当时当刻为什么要出台这样的政策，面对这样的政策作为企业应当如何作为。其次，HRD 应及时思考本企业在当时的情况下可以有什么样的措施来面对全球范围突发公共事件对企业经营造成的影响。在线管理工具如此发达的今天，是否有可能将工作场景暂时从线下搬到线上，是否可以利用这段时间组织员工在线学习以提升业务能力，是否可以利用这段时间进行企业文化建设，是否可以安排先集中休年休假和补休等。最后，HRD 应根据企业的经营情况、管理习惯、管理工具，梳理出有可能施行的解决方案，然后提交 CEO 进行讨论。这才是 HRD 以其角色定位应当做的，而不是甩给 CEO 一句：人社部规定应当发工资，不发就违法。

　　很多企业的内外部法务人员在用工风险管理上的价值有限也在于此，他们缺乏对业务的了解和理解，仅仅就法律谈禁止性规定，而没有结合业务需求给出切实可行的解决方案。

004

　　用工合规管理是为组织发展立规明炬——建立一套符合法律规定的人力资源管理秩序。

【解读】

　　用工合规指的是企业的用工行为不得违反法律规定。比如，企业与员工应当签订书面劳动合同，员工的工资标准不得低于当地的最低工资标准，加班应当支付加班工资等。企业如果违反，将可能受到法律的制裁。

005

　　用工风险管理是通过一系列策略，采取或避免、或降低、或转移、或接受等方式，使管理行为服从组织经营管理需要。

【解读】

　　工伤基金并不能覆盖全部工伤待遇，仍然有部分待遇需要由企业承担，工伤治疗期间的停工留薪期工资由企业承担，定残后的一次性伤残就业补助金也是由企业承担。所以，企业虽然依法缴纳社保，但面对高空保洁岗这类高风险岗位，企业则应考虑为该类岗位增加雇主责任险，从而降低用人单位的风险管理成本，即额外通过另行补充商业保险来将工伤基金不承担部分的风险转移由保险公司承担。

　　再比如，A 企业本是一家产研结合的企业，生产人员占比总人数的二分之一强。随着市场产业结构的不断变化，公司生产部分的职能变得越来越弱化，产量不断萎缩，但基于整个产业布局的需要，产品又不能完全停产。生产部门的工作量越来越不饱和，生产任务也是断断续续，直接导致生产车间人浮于事，员工收入也随之受到影响，由此给公司整个人力资源管理带来很大的冲击和影响。基于此，公司结合集团整体产业结构调整趋势，决定对公司用工模式进行战略性调整，研发人员配置持续加大，生产人员逐步分流减少，然后最终将生产职能从公司完全剥离，以后公司不再进行生产，所有的生产任务全部采用外包的方式发包给集团内生产为主的企业完成。如此，既解决了产业调整问题，也满足了公司基于研发所需的生产需要，同时也解决了员工收入下降的问题。

006

用工风险管理的核心不是简单地对标法律条款，而是如何结合组织实际情况对人力资源管理提供风险可控的支撑，以性价比最高的方式采取措施，实现法律风险最小化、组织利益最大化。

【解读】

A公司是专业从事物业保洁服务的公司，其在B省承接了一个项目，但是遇到一个非常棘手的问题，项目上的100多名员工大多为当地农村户籍人员，虽然大部分人的年龄尚未达到法定退休年龄，但是因其以前没有缴纳过职工社保，故坚决拒绝公司要为其缴纳社保的要求，并提出，若公司要求缴纳社保，其就离职。公司当时以为这100多名员工不外乎是不想承担社保个人缴纳部分而与公司讨价还价而做的姿态，不料当公司真为其缴纳社保后，大部分员工真的选择了辞职。

公司面临非常尴尬的局面。保洁行业是工伤高发行业，因人员年龄普遍偏大，本就容易受伤，加上交通意识比较薄弱还容易发生因交通事故引起的工伤，所以公司自身有强烈意愿为员工缴纳社会保险。但是，该类人员因从未缴纳过职工社会保险，等到缴足15年已是快70岁的人了，所以他们认为划不来，坚决不同意缴纳。同时他们也有自己的小九九，他们清楚地知道，虽然公司没有缴纳社保，但如果在工作中真发生了工伤事故，公司应承担的法律责任一分不少，所以他们不会吃亏的。基于此，想让他们同意参加社保，比登天还难。

通常情况下，职业风险高的企业对执意不缴纳社保的劳动者会选择不予录用，以避免今后产生纠纷和发生风险。但如果HR不分情形地要求公司必须"操正步"，凡不愿意缴纳社保的人员统统不录用，那公司在B省的项目也许就真的难招到可以上岗的人员，这显然不符合公司的业务发展需求。企业聘用专业人员是为了解决专业问题，而不是提出问题后让业务搁置。公司不可能因当地劳动者的这个特点就放弃在 B 省拓展业务。对于企业来讲，客户和业务才是其生存的根本。B 省的业务不能丢，员工的意愿也得满足，同时风险也要防范。本案中公司只能暂时退而求其次，在没有找到更好的解决方案前，先用商业保险解决员工拒绝缴纳社保导致的工伤风险，从而促成 B 省业务的正常推进。

007

用工风险管理中的问题并非都能简单地以非黑即白的方式进行评价，随处充斥着的灰度问题才是用工风险管理需要解决的常态。

【解读】

某一管理行为的选择不能简单地以"对"或"错"进行评价。比如绝大部分企业的社保是按最低缴费基数进行缴纳的，此做法有企业违法控制成本的动力存在，还受是否处于相同竞争成本水平的因素影响。就如剧场效应，要么都坐着，要么都站着。

008

人力资源管理的目标是为了实现组织目标，恰当的用工风险管理是对人力资源管理目标的促进，而非制约。

【解读】

制定规则是用工风险管理的工作内容之一，企业红线设定的目的不是为了罚款和解聘，而是为了明确行为的底线，使组织的行为和员工的行为都在明确的指引之下进行，确保经营管理活动的秩序性。

对跟不上企业发展的不胜任员工设定退出机制，是为了保持企业的活力和市场竞争力。法律对基于"不胜任工作"的解除行为设定了解除成本，这就要求企业在日常管理中，应加强对员工工作能力的提升。逆水行舟，不进则退，对企业和劳动者均是如此。

水往低处流，人往高处走，员工能力提升后有可能引发跳槽。想留的留不住，想淘汰的淘汰不了，这并不是法律给企业设置的障碍，而是企业没有恰当的、符合法律规定的留人机制和退出机制。

009

用工风险管理策略应从组织形态和业务场景入手，并结合组织现有的人力资源管理现状。

【解读】

量身定做方可合体。

010

不关注整体人力成本的所谓用工风险成本控制是虚假控制。

【解读】

一说到用工风险成本控制，闪现的就是"离职不赔钱""加班不支付加班费"。

向离职员工依法支付经济补偿为何一定是损失？基于各种原因让一名绩效差的员工勉强留在公司，留到实在不想留时再行解聘，此时，相关管理人员都在纠结如何在不支付经济补偿的情况下与该员工解除劳动关系，之前拖着不及时解除劳动关系所支付的工资、社保、公积金，以及员工应创造而未创造的绩效损失等，大家都集体无视。难道这不才是应该关注的点吗？

只要不是生产线那种必须一个萝卜一个坑的流水线岗位，团队不会因少一个不合格的员工就影响到整个团队的正常运转。孰优孰劣，数据拉出来比对就一目了然。

当企业愿意招聘一名不够合格的人员勉强使用时，就应承担不规范招聘的后果；当企业疏于管理，原本胜任工作的员工逐步变成了低绩效员工时，这是企业自身的过错，当然要责任自负。这些成本损失与法律无关，而是企业自身存在管理不到位的后果。

企业不要动不动就让法律规定为管理缺位背黑锅。

011

只关注显性的风险成本，而不关注隐性的人力成本，必然造成组织损失扩大。

【解读】

经济补偿、加班工资都是看得见的显性成本支出，省下来就是直观的工作成绩。

对人力资源管理效果进行数据分析的企业不多，对风险管理效果进行数据分析的企业就更是少之又少。就如上一句分析，长期使用低绩效人员给企业究竟造成了多少损失，没有人关心和统计，大家都熟视无睹地默认看不见的损失是不存在的，从而导致这类隐形损失越来越多。

012

　　风险管理策略不应脱离马斯洛需求理论，针对不同需求者应设计不同的策略。

【解读】

　　办公室人员关注固定薪酬是否满意；销售人员则不那么在意底薪，更关注销售提成政策是否可以让其多劳多得拿到高薪。因此，办公室人员需每天在固定时间、固定场所提供劳动，并接受过程管理；销售则不监管过程，只看结果，在不违法违纪和扰乱市场的框架下，不管白猫黑猫，抓住老鼠就是好猫。

013

风险管理应兼顾组织和劳动者双方的利益，一边倒偏向组织的政策，会让人才选择用脚投票。

【解读】

有些企业频繁地调整绩效考核标准，一看到员工因高绩效拿到了较高绩效工资，企业就开始心理失衡，然后就调高绩效考核标准。这样的企业留给员工的标签只能是"不诚信"，员工一旦有新的去处，立刻就会抬腿走人。

014

无论是对劳动者还是对组织，违背公序良俗的行为都难以得到法律的支持。

【解读】

《民法典》开篇明义"弘扬社会主义核心价值观"。"公序良俗"在《民法典》中也多次提及。《民法典》第八条规定"民事主体从事民事活动，不得违背公序良俗"；第一百五十三条第二款规定"违背公序良俗的民事法律行为无效"。

015

　　未转化为现实法律后果的用工风险，不等于其不存在，也不代表其今后不引爆。

【解读】

　　最典型、最普遍的情形就是大量企业未足额缴纳社会保险，基于复杂的多种原因，虽然没有引起普遍纠纷，但是只要被投诉，一告一个准。

016

不恰当的人力资源管理行为，有时并不一定有违法成本或违法成本可忽略不计，但却可能导致比违法成本更为高昂的经营风险或损失，这是常被组织忽视的问题。

【解读】

时常见到一些企业违法与某管理者解除劳动关系，虽然被离职管理者因个人原因的考量没有与企业对簿公堂，但不代表企业就一定没有损失。离职管理人员在工作交接上的消极配合，就可能导致工作的停顿及后续工作的暂时中断等。

017

组织不应将是否发生劳动争议纠纷作为衡量组织的用工合规与否和风险存在与否的标准。

【解读】

这是企业惯常的认知和理解，仅看到了硬币的一面，而忽视了硬币的另一面。

018

无诉讼不代表用工合规，更不代表不存在用工风险。

【解读】

虽然劳动争议案件的数量逐年上升，但是对大多数企业而言，毕竟还是偶发、小概率事件。大多数企业因没有被员工告过，或虽被告过但赔偿的金额并不大，所以并不认为系统的风险管理是必要的。

一些用人单位长期存在加班而不足额支付加班工资的情况，虽然暂时还没有被劳动者仲裁，但不代表今后没有劳动者会较真此事。一旦有人较真，是否会发生连锁反应，形成多米勒骨牌效应，就看运气了。

019

　　用工风险管理是综合管理、系统管理，应融入组织的经营管理之中。脱离经营管理逻辑的用工风险管理行为很难有效解决组织的用工风险痛点。

【解读】

　　企业常将用工风险管理理解为点对点管理，头痛医头，脚痛医脚，但医来医去，医的都是表象，引起疼痛的基础疾病依然没有消除，随时还会再引发疼痛。

020

用工风险管理应是动态管理，常态化风险识别和定期用工风险审计是用工风险管理的基本动作。

【解读】

人与事都是动态变化的，没有相同的两个人，也没有完全相同的两件事。同时，外部环境瞬息万变，也对企业经营管理产生着影响。常态化检视用工风险管理策略的适配性是企业不应忽视的工作。

021

设计用工风险管理解决方案应关注方案与业务场景是否匹配。

【解读】

曾经有一家企业，其操作岗实行两班倒，每班 12 小时。每月人力资源部都要根据排班表非常费劲地计算加班工资。周一到周五加班按照 150% 计算加班费，休息日加班或安排调休或按照 200% 计算加班费，法定节假日加班按照 300% 计算加班费。

根据企业操作岗的工作时间特性，其可以申请综合计算工时工作制。执行综合计算工时工作制，企业对工作时间的统计将简单而统一，不用区分工作日和休息日，不用关注是否需要进行周末调休，只需按行政部门批准的工时计算周期统计周期内累计工作时间即可，超过周期内工作小时数上限部分属于加班，未达到周期内工作小时数上限不属于加班，这大大改善了统计出勤时间和计算加班工资的低效耗时状态。

022

组织误读法律的情况时有发生，劳动者同样也常常误读法律规定。

【解读】

企业对签无固定期限劳动合同总是比较抗拒，于是想着法地用各个关联公司作为主体与劳动者轮流签订劳动合同。如果仅仅是因劳动合同期限问题不断变更签订主体，实在没有必要，如此安排并不必然将员工之前的工龄清零。

023

有时，信息偏差恰恰是组织管理的障碍所在。

【解读】

有的劳动者拒绝签订长期限劳动合同，源于其认为劳动合同会束缚其而无法辞职。

个别三期员工的"嚣张跋扈"源于其认为，只要其处于三期，企业就不能对其实施任何管理行为。

这些都是劳动者对法律的误解。

024

组织内部恰当的普法宣传，对用工风险管理和人力资源管理反而是促进。

【解读】

A乳制品公司，因保存产品需要，自建有冻库，后因冷链业务发展日渐成熟，公司决定将冻库从公司剥离出去，不再由公司自行经营管理。为此，公司将原在冻库从事搬运工作的员工调整至公司生产车间从事搬运工作。该部分员工在得知调整安排后即到处打听、咨询，当听说"用人单位调整工作岗位应当与劳动者协商一致，如果未经协商一致，劳动者可以拒绝用人单位做出的调整工作岗位的安排"。于是这部分员工聚集在生产车间，明确表示拒绝上岗，并要求公司支付赔偿金。这部分员工聚集生产车间罢工的行为对生产车间的正常生产秩序造成严重干扰。

经了解，发现公司与员工均对《劳动合同法》第三十五条的理解有偏差。一方面，员工拿着法律条款咬文嚼字，称公司要将其工作岗位从冻库调整到生产车间必须与其协商一致，公司在未与其协商一致的情况下单方调岗是违法的，应当赔钱。另一方面，公司对其用工自主权的行使也没有太大把握，因法律没有对用工自主权进行明确规定，所以公司在调整岗位时也有点畏手畏脚，怕越雷池，不确定此次调整是否属于必须要与劳动者协商一致的情形，导致与员工沟通时不太有底气，迟迟不敢进行有效处理，继而造成了管理困境。

本案例中，公司将冻库搬运工的工作地点从冻库调整到生产车间，此调整虽为公司单方面调整，但是并未改变双方所签订劳动合同的内容，既未改变工作地点、工作性质、工作条件、也未变更工资待遇，且从原来在冻库低温环境从事搬运工作变更为在常温环境下从事搬运工作，工作条件比原工作条件更优。此工作岗位调整属于法律允许的公司可单方实施的用工自主权的行使，无需与员工协商一致。如果员工拒绝公司的合理工作调整，则将构成对公司正常管理的违反，公司可依据合法制定的规章制度对员工进行管理，员工拒绝调岗行为如果达到严重违纪程度，则公司可依法与其解除劳动关系。

025

组织故意误读法律哄骗劳动者，哄得了一时骗不了一世。

【解读】

在自媒体如此发达的今天，企业的每一种欺骗行为总会经过一件件劳动争议案件被司法公之于众。此次劳动者的工龄被恶意清零，下次劳动者就懂得绕坑而行；此次被企业下了套，下次劳动者就会想法找补回来。所谓道高一尺魔高一丈，没有赢家。

026

正确理解法律、解读法律，应是企业文化的一部分。

【解读】

在资讯如此发达的今天，与其让员工到处道听途说一些只言片语的法律知识，还不如有序地组织员工进行相应的普法教育和规则教育。占领宣传制高点也是企业文化建设应进行的工作。

027

用工风险管理体系的建设应结合组织的企业文化。

【解读】

如果企业有加班文化，企业就应分析该采用何种作息管理模式，是否需要申请特殊工时制度，基于加班的事实如何设计与之相匹配的薪酬管理策略。

028

　　用工风险管理策略与企业文化可相辅相成，互为支撑。好的企业文化可有效促成用工风险管理策略的达成，坏的企业文化对组织管理而言则是破坏。

【解读】

　　润物细无声，习惯成自然。常言道：学好三年，学坏三天。企业文化有较强的引导作用。

029

合规是防止劳动争议纠纷发生的基本保障。

【解读】

行为符合劳动法律规定是避免劳动争议纠纷的基础，只是企业经常会因对用工风险管理的认知偏差而将合法的管理行为操作出不利的结果。

030

用工风险管理的属地性特性导致风险管理难度加大。

【解读】

在劳动争议纠纷领域，全国各地司法实践有差异是一种现实存在。

031

　　无论各地地方性法规和司法实践有何差异，但用工风险管理的底层逻辑基本是一致的。

【解读】

　　加班应支付加班工资，这在全国范围都没有例外，但关于加班工资的计算基数是否可以约定，则各地有不同观点。入职后一年内未签订书面劳动合同，应支付二倍工资的规定全国范围均执行，但涉及时效起算，则存在地区差异。

　　无论企业在哪个省份，从预防风险管理角度来说，只要遵循入职即签订劳动合同的原则，就可防范风险，时效的问题也就自然无需考虑。考虑时效，是发生纠纷后需要面对的诉讼处理问题，属于事后补救，而非进行事先预防所实施的风险管理所应关注的策略。

　　防患于未然，将风险从源头掐灭，还是等风险发生后想法灭火，孰优孰劣无需赘述。诉讼管理与非诉讼管理的方向是不完全一致的，关注的点也是有差异的。

032

组织对待离职人员的行为和态度对仍然留在组织中的个体有着极强的示范效应。

【解读】

用一社会现象解读：丧事是办给活人看的。示范效应是对依然留在企业内的人而言的，对已离职之人毫无意义。

II

明说明讲

- 微信扫描二维码，关注视频号，获得更多信息。

- 自2021年8月1日起，本视频号将每周两期解读《企业人力资源风险管理200句》。

- 解读并非书籍内容的重读，而是将分享更多新的内容。

- 欢迎关注！

风险管理成本控制

本章将通过 5 句【解读】对人力资源风险管理中存在的成本认知偏差进行阐述。透过现象看本质，人力资源成本控制应方向正确，勿"丢西瓜捡芝麻"。

033

组织常以节约法定成本作为衡量用工风险管理价值的标尺。用工风险管理中的"捡芝麻""丢西瓜"现象无处不在。

【解读】

A 公司因投资人发生变更，开始裁撤部门。裁员过程中，其对在总部办公区域的人员实行依法支付经济补偿的资遣方案，对分散在全国各地的项目人员则用上了五花八门的手段。其中一名女性经理张某正好年满 50 周岁，公司就强行以其达到法定退休年龄为由与其终止劳动关系，张某反复强调其属于管理岗，依法 55 周岁才能退休，但公司置若罔闻，一意孤行。无奈，张某只好对公司提起仲裁，经过仲裁、一审、二审，法院判决公司应向张某支付违法终止劳动关系的赔偿金 30 多万元。因公司一味拖程序，致使本案耗时过长，以及公司在诉讼过程中一再激怒张某，张某在案件胜诉后又到社保机构投诉公司未足额缴纳社保，为此社保机构要求公司补足社保费用并处滞纳金合计 5 万多元。

公司原本是为省十几万的经济补偿而诓骗张某退休并强行终止劳动关系，以为木已成舟后张某只能就范去办理退休手续。不想张某也是执着的人，结果公司为此付出了近 40 万元的代价。社保问题是公司一个不可逆的隐形硬伤，现在却变成了显性硬伤，基于该案的示范效应，公司的员工今后只要想让公司补足社保差额，都可在离职时主张权利。当初公司如果依法与张某协商解除劳动合同，何至于双方后来对簿公堂，并付出 30 多万的赔偿金；如果在争议解决阶段，公司能理性处理、主动协商，又何至于引发 5 万多的社保补差。

034

组织的非理性"省钱"行为，或许并不违法，但组织合法"抠门"的后果是难以留住人才。

【解读】

比如，严苛的绩效考核政策让员工总是拿不全绩效工资，销售提成政策的不合理使销售岗走马灯似地换人，年终奖变成了第二年的年中奖。

035

　　单从节省人力成本角度设计的用工风险管理策略是狭隘的，不一定能恰当地服务于组织人力资源管理目标。

【解读】

　　企业为预防未来万一发生的劳动争议纠纷所要面对的成本，刻意将劳动合同中的工资条款统一定得很低，无论是普通员工，还是月薪达 5 位数的高管，统统在劳动合同中约定月薪为 2000 元。企业的做法无非是"皇帝的新衣"。

　　面对这样的合同，员工不心生提防才是不正常的。一旦工作中要处处提防企业"使坏"，员工日常留存的证据，今后就足以让企业喝上一壶。

　　当劳动者对企业随时心生提防时，企业希望其毫无保留地贡献价值，这才是违背人性的妄想。

036

　　用工成本的绝对控制还是相对控制，这是值得管理者深思的问题。

【解读】

　　通常情况下，在未批量减员的情况下，人力成本的绝对控制是不成立的，首先每年的社保缴费额就是绝对上调的。

037

通常情况下，用工成本的控制应是相对控制。

【解读】

人效数据才是有价值的数据。

III

风险管理体系建设

　　本章将用 26 句【解读】对人力资源风险管理体系建设进行阐述。构建风险管理体系，不是对照着法条以及一些典型案例拟订一堆文件就可大功告成的。本章将对如何构建人力资源风险管理体系，并就制度建设、流程建设以及执行力培养逐一进行分析。

038

组织制定的行为规范、规章制度、操作规程等是组织进行用工管理的依据。

【解读】

《最高人民法院关于审理劳动争议案件适用法律问题的解释（一）》第五十条规定："用人单位根据劳动合同法第四条规定，通过民主程序制定的规章制度，不违反国家法律、行政法规及政策规定，并已向劳动者公示的，可以作为确定双方权利义务的依据"。

039

组织有一堆看似完备的制度文件并不代表组织就有了完善的风险管理体系。

【解读】

常见一些企业有各种制度规定，比如员工手册、提成制度、考勤规定、奖惩制度、安全管理规定等。但是对各个部门是否严格照章执行，企业不太关注；或是但凡业务部门态度强硬一点，制度就形同虚设。常见部门负责人不愿意得罪人，对行为偏差、绩效偏差睁只眼闭只眼，没到忍无可忍的时候，总想当和事佬。当某天负责人不想对某个部下继续容忍时，其就想起还有制度可用。当企业用长久的行为更改了制度后，想重拾制度未必可以说捡起就能捡起。

制度不是想用就用，不想用就束之高阁的应急工具。对组织而言，若有法不依，制度制定得再多也就是一堆纸而已。

040

制度需要执行才有价值，执行需有流程进行支撑。

【解读】

纸上得来终觉浅，绝知此事要躬行。而执行需要有章法。

041

　　规章制度条款的合规不等于用工管理行为合规，将合规的规章制度执行出风险的情况也并不少见。

【解读】

　　张某在物业公司位于 A 市城南的 C 项目工作，最近公司准备将张某调整到城东的 D 项目，岗位不变，工作内容不变，工资待遇不变。张某口头表示不愿意，提出公司刚与 C 项目续订了 3 年的物业服务合同，所以公司不能将其调整到 D 项目上，而应让其继续留在 C 项目上班。于是 C 项目经理口头要求张某第二天不要再来上班了，并在第二天通过微信向张某发出解除劳动合同信息。

　　公司的规章制度中规定：劳动者的工作地点是 A 市，劳动者应当服从 A 市内正常工作安排，如果拒绝服从公司工作安排，属于严重违纪，公司可以与其解除劳动合同。

　　公司对张某工作地点的调整，属于公司正常行使用工自主权，在没有变更张某工作岗位内容、工资待遇的情况下，公司将张某从城南调整到城东，符合法律规定和制度规定。张某拒绝调整，公司可以合法对其进行管理。当张某在规定的报到日无正当理由未到 D 项目上班时，张某才构成拒不服从工作安排。目前张某仅仅是口头表示拒绝调岗，违纪行为尚未发生。公司仅在张某口头表示拒绝后就让张某不用再来上班，其行为当然违法。

042

执行变形的原因之一在于认知偏差，不断学习是解决执行变形的有效方法。

【解读】

2019 年年末，某公司因工位裁员被送上热搜。与员工解除劳动关系是每家企业 HR 都面对过的工作，但在工位上宣读解除通知是否合适？在被裁员工拒绝签领解除通知时，现场录像是否必要？送达的方式多种多样，并非只有现场咄咄逼人这一种方式。

HR 对风险控制是有一定认知的，知晓未送达的解除通知是不能发生法律效力的，在这个问题上 HR 无疑是专业的。然而送达方式不是只有当面送达这一种，这是 HR 不够专业的地方。当员工拒绝签领解除通知时，公司可以采用邮寄送达、Email 送达、公证送达等，然而公司偏偏选择了一种姿态最难看的送达方式。

043

执行变形的另一原因在于欠缺流程节点控制。

【解读】

管理需要章法，并不允许管理者依自己心情、习惯和理解随意为之，但日常管理过程又无法完全监控，因管理者或被管理者的不同而发生执行偏差是不可避免的。解决失控的方法只能是对流程中的关键节点进行控制。

044

HRBP 用工风险管理能力的欠缺，也是执行变形的原因之一。

【解读】

网易上热搜的裁员风波与此有关。作为企业最前端的人力资源专业管理者，必须具备人力资源管理全流程的风险管控能力，方能避免执行出错。

045

対一定层级的管理者进行系统用工风险管理培训是必要的，具有一定的法律思维和证据意识是管理者应具备的管理能力之一。

【解读】

业务部门认为招人是人力资源部的事，辞退人也是人力资源部的事，凡是不想要的人也当然是退给人力资源部处理。基于此观念，导致业务部门的管理非常随意，完全没有考虑其实施的管理行为是否有法律依据。缺人时，合适或不合适的人统统都录用进来，一旦有了新人，之前勉强用着的人立即甩给人力资源部，让人力资源部将不想用的人进行辞退。但是在"甩出"之前，对甩出的人并没有按规则进行有效考核，甚至为了不得罪人反而还给了较高的评价结果。人力资源部面对这样"甩过来"的解聘，用一个现在的流行词来表述，就是没有"抓手"。

企业不要求业务部门负责人具有一定的法律思维和证据意识，业务部门负责人在用工风险管理事务上就永远可以做不负责任的"甩手掌柜"。

046

组织应通过不同管理工具解决不同层级管理者的法律思维、证据意识和风险管理能力问题。

【解读】

因材施教，对症下药。不同层级的管理者所使用的管理工具是不同的。

047

制度、流程、执行，三位一体的风险管理方能有效防范用工风险，并建立起风险防范体系。

【解读】

有制度，无执行，制度形同虚设；有执行，无流程，执行风险无法把控。缺少任何一项，都无法形成管控体系。

048

用工风险管理中，流程中的防风险设计比拟订合规的制度条款更复杂、更困难。

【解读】

风险管理流程是嵌于人力资源管理流程之中的，风险管理节点只能在对业务流程和管理流程进行充分梳理和分析后方能找出。

049

执行合规是最难于把控的风险因素。

【解读】

张某与 A 公司签订了五年期劳动合同，任质量监督员。因为工作的原因，张某需经常到外地出差。张某总以照顾家庭为由拒绝出差，这就导致张某在日常考核中评定的分数较低。但除平日拒绝出差外，张某的工作还算可以，也很少出错，所以公司也就一直没有和张某就出差问题专门进行沟通。某日，由于张某拒绝出差，导致分公司的部分业务因等待质检出现了延迟发货，为此公司收到了客户的投诉，公司对此非常不满，随即以张某不胜任工作为由，向张某发出解除劳动合同通知，并向张某支付了经济补偿。

公司知晓当企业与不胜任工作的员工解除劳动合同时应支付经济补偿，但是公司忽略了与不胜任工作劳动者解除劳动合同的法定程序，即如果张某的确属于不能胜任工作，公司并不能立即与其解除劳动合同，而是必须先对张某进行调岗或再培训，当经过调岗或再培训后，张某依然不胜任工作时，公司才能与张某解除劳动合同。所以，公司虽然向张某支付了经济补偿，但依然构成违法解除劳动合同，需要向张某支付赔偿金，即还要再向张某支付一笔与经济补偿金额等同的款项。

案例描述中的表述是"除平日拒绝出差外，张某的工作还算可以，也很少出错"，这样的描述不能定性张某属于不胜任工作。张某拒绝出差是工作态度问题，而不是工作能力问题。如果公司的规章制度规定有"拒绝服从工作安排属于严重违纪"，则公司应当以张某"严重违纪"为由与其解除劳动合同，而不是以其"不能胜任工作"为由与其解除劳动合同。公司依法与严重违纪的员工解除劳动关系，无前置程序限制，也无需支付任何补偿。

本案例属于公司对张某进行管理时，错误定性了张某的行为，从而错误选择了管理依据和法律依据，最终导致承担违法解除劳动合同的后果。

050

风险管理流程是防止执行偏差的工具之一，但如果对业务场景不理解，也无法设计出有效的流程。

【解读】

人力资源管理中有一句话：HR 应懂业务，风险管理亦然。

051

用工风险管理流程建设未必会牺牲绩效，适当的流程是组织正常运转之必须。

【解读】

一谈流程，就出现"冗杂""低效""漫长"等字眼，这是对流程的误解。

052

用工风险管理流程或简单粗暴，或精细完善，这取决于组织的发展阶段、组织的管理习惯和管理水平。

【解读】

流程与复杂并不当然划等号。

053

　　用工风险管理体系建设应具有一定的前瞻性，但不应超越组织的人力资源管理水平，超水平建设将妨碍组织的正常经营秩序。

【解读】

　　曾经有一家小微企业，人员数量在 20 人左右。企业老板的规范管理意识比较强，其找来一份国企的员工手册，将员工手册上的国企名称替换成自己公司的名称就准备在公司内使用。该员工手册中包含非常完善的薪酬体系规定、绩效管理规定、培训体系规定、人事档案规定等，而这家小微企业除了老板和一个内勤，其余人员全是业务人员，工资构成简单粗暴，业务人员为底薪加提成，内勤为固定工资。就公司当时的状况，国企的员工手册给不了其任何管理支撑，一旦照搬照做，则一定会让其寸步难行。对于这家企业来讲，在当时所处阶段继续沿用其当时的管理方式是最恰当的选择，业务人员用业绩说话，提成与业绩挂钩，多劳多得。另简明扼要地规定员工行为规范，奖惩条款，同时不忘记与员工签订劳动合同和缴纳社保即可。其他问题，等企业发展到一定规模后再行逐步规范。

054

　　用工风险管理行为是嵌于人力资源管理之中的管理行为，且随人力资源管理行为一并发生效力。

【解读】

　　本书开篇即提到：皮之不存，毛将焉附。

055

人力资源部门闭门造车定规章、建流程乃用工风险管理工作之大忌，也是多数组织的常态。

【解读】

这是大多数中小企业的常态。人力资源管理理论并不能当然解决企业的问题，理论要联系业务的实际才可发生效力。企业不要妄想 HR 拿着教科书上的理论或其老东家的工具就可以在自己家的土地上落地生根。

056

尽职调查工作是建设用工风险管理体系的基础之基础。

【解读】

没有调查研究，就没有发言权。不深入了解情况，何来有的放矢，对症下药。

057

　　非建立于充分尽职调查基础上的用工风险管理策略，发生效果偏差是必然的。

【解读】

　　雾里看花，水中望月，自然不得要领。不做艰苦而细致的基础工作，终不能建起的合格的高楼大厦。

058

业务部门必须深度参与到尽职调查工作之中。

【解读】

人力资源部门并不理所当然知道业务部门的问题、需求和痛点。

059

用工风险管理体系建设的底层工作逻辑是岗位分析。

【解读】

风险管理的落脚点在行为，嘉奖某一类行为，惩罚某一类行为。至于哪些行为应当进行管理，则不同类型的岗位又有不同的需求。外勤岗位与办公室岗位的管理方式不同，研发类岗位与职能类岗位的要求有差异，高风险岗位与一般岗位的风险管理级别乃天壤之别。

060

脱离岗位的实际情况而设计的风险管理策略极易引发风险。

【解读】

A企业是家互联网企业，企业规章制度中规定"工作时间抽烟或带香烟到公司属于严重违纪，公司可立即与之解除劳动关系"。企业倡导无烟办公，值得支持，但是如果有人实在忍不住，真的在卫生间或楼道偷偷抽了烟，企业可以进行处罚，但该处罚不足以达到解除劳动合同的严重程度，至于携带香烟就更谈不上违纪了。

假如油漆生产厂、烟花生产厂、化学品生产厂这类在厂区存储有易燃易爆品的企业，其在规章制度中规定"在厂区内抽烟，或将香烟、打火机带进工厂，均属于严重违纪，公司有权立即与其解除劳动关系"，则完全符合法律规定。因这类企业是生产易燃易爆产品的企业，火星对于这类企业而言是需要高度警惕的安全注意事项，为了防患于未然，必须从源头果断掐断隐患，否则一旦引燃，后果将不堪设想。因此，该类型企业做出如此严格的规定，完全合法且必要，不要说抽烟，携带香烟和打火机都是不被允许的。

可见，同样的行为，发生于不同的场景，其可能引发的后果是完全不同的，所应受到的行为约束也当然是不一样的。

061

组织需要基层管理者来协助实现风险管理。基层管理者是组织用工风险管理的一个关键执行节点。

【解读】

班组长、直线主管是员工的直接管理者，其通常是员工行为的第一目击者和观察者。

062

　　基层管理者的风险管理行为应通过设计的管理流程和不折不扣的执行力实现，而非依赖其合规管理能力和法律思维。

【解读】

　　不可要求一线基层管理者具有与部门负责人和 HR 一样的风险管理能力，这既不合理也不恰当。

063

　　培训基层管理者的执行力是组织实现用工风险管理的一项重要工作。

【解读】

　　该培训与法律知识的掌握无关，仅仅是培训执行力，不折不扣地完成规定动作一般可达成合规管理目标。

　　能做到军令如山，就没有不能达成的目标。

IV

风险管理责任承担者

本章将通过 17 句【解读】对组织在人力资源管理中常错误定位风险管理责任人的问题进行阐述。有关风险管理责任人的错误认知使得管理者之间相互推诿成为常态，基于错误认知引发的错误行为，更使得组织不得不常常面对各种法律风险。一路埋下的隐患终有一天会在员工离职时以个案的方式爆发，并形成负面效应。

064

人力资源管理中出现的法律风险常与组织高层和业务管理者的认知错误有极大关系。

【解读】

老板认知不转变，风险则常在、常新，套用刘罗锅那句话：说你合格，不合格也合格；说你不合格，合格也不合格。

065

错误定位用工风险管理责任人是组织进行风险管理时常犯的错误。

【解读】

企业常将用工风险的管理责任定位给人力资源部。当老板和高管是这种态度时，业务部门负责人就更不会认为用工风险管理是自己的工作职责之一。

老板、高管和部门负责人并非不知晓这个道理，都想唱个红脸当好人，唱黑脸得罪人的事避之不及。但一味甩锅给人力资源部并不能解决企业的问题。

066

CEO 是组织用工风险管理第一责任人。

【解读】

企业一号位不挂帅，一切都白搭。挂帅不代表亲力亲为，但表明了一号位的态度。

067

人力资源部是组织人力资源管理政策的制定者、管理工具的提供者以及人力资源管理教练，但其不是各部门的直接管理者。

【解读】

HR 与部门负责人之间的区别是专业的人力资源管理者和一般的人力资源管理者。

068

自己的人自己管。部门负责人是其管理单元的用工风险管理第一责任人，是用工风险管理政策的执行人。

【解读】

员工在各自部门内工作，由各自的领导进行日常管理，其工作能力、工作态度等，只有部门内部最清楚。以员工请假为例，员工只能向其领导请假，而不可能向人力资源部请假，因请假员工手上是否有重要的工作或紧急的工作而不得请假，人力资源部是不可能清楚的，如果由人力资源部确定是否批假，那业务部门的负责人一定会找人力资源部门讨说法，并要求人力资源部承担岗位缺人的后果。

部门与部门之间，岗位与岗位之间需要合作，但是如果完全没有界限，也就不能定责，更无法追责。结果就是人人都管，人人都不管，最终法不责众，秩序全无。

所以，自己的兵自己带。部门既然要放任管理，就要有承担后果的勇气。

069

管理者在风险管理层面的惧怕"管人"，并非真的"怕"，而是懒政和不想得罪部下，然后将本应由自己承担的管理责任推诿给人力资源部。

【解读】

得罪人的事多一事不如少一事，对部下"护短"是正常反应，但不一定是正确选择。

070

　　部门负责人推卸责任的另一原因或是因其自身缺乏管理能力。将优秀的技术骨干提升到管理岗位，结果可能是双输。

【解读】

　　优秀的专业人员，并不都适合提升到管理岗，企业应考虑为专业技术人员设置其他的职业晋升通道。强行将其提拔至管理岗，结果是被提拔者因无法胜任管理工作而不得不选择离开而另谋高就。就个人面子而言，其选择返回原岗位的可能性不大。

071

组织对用工风险管理方面的错误认知，使人力资源部变成了疲于奔命的消防员和背锅侠。

【解读】

大部分企业并不太重视用工风险的事先预防，总是等到发生纠纷后再想法应对。亡羊补牢，为时晚矣。

072

消防员只能尽量减少损失，而不能预防风险。预防风险是引发风险者的责任。

【解读】

消防员不可能未卜先知哪里会发生火灾，而提前将消防车开到该处候着，因此消防车的出动总是在接到火警后。火已经在房子里烧了起来，消防车的到来对于着火的房子来说，不外乎是全部烧毁与部分烧毁的差别。

073

　　人力资源部门在组织中的话语权和对业务部门的影响力，决定了组织所实施的用工风险管理行为效果。

【解读】

　　人微言轻，自然难有人配合，政策无法推进当然就是常态。

074

作为通常被认定为"花钱部门"的人力资源部，因话语权问题其通常被贴上"无能"的标签，不得不背负起本不该由其承担的违法管理责任。

【解读】

企业常说，招人要花钱、用人要花钱、裁人也要花钱，人力资源部门除了花钱，没有为企业创造任何价值。人力资源部招聘来优秀人才，该优秀人才为企业创造价值，这难道不是人力资源部门的价值？人力资源部开展培训，提升了员工的工作能力，并由此提升了绩效，这也不是人力资源部门的价值？

075

　　"背锅"并不能解决问题，但"背锅"角色让人力资源部门只能采取鸵鸟策略，这让责任更加模糊不清。

【解读】

　　"背锅"只能让人力资源部门变得越来越食之无味弃之可惜。

076

违法后果往往由业务部门引发，但人力资源部未辅导各层级管理者正确实施用工风险管理行为和为组织提供恰当的用工风险管理工具，则难辞其咎。

【解读】

人力资源部门的专家角色、教练角色和工具提供者角色是否可以达成，完全取决于企业的认知，以及 HR 本身的专业度是否足以让企业扭转观念。这不是一方转变即可达成的，而是需要多方的努力。

077

非人力资源部门将不想要的人退回人力资源部是常态，"退回"后的管理基础是什么，却没人进行思考。

【解读】

张某本在西安工作，猎头推荐其与 A 市一家知名企业 B 进行了接触，经过多轮面试，B 公司的市场总监决定聘用张某担任市场部部长，于是公司人力资源部向张某发送 Offer。张某与老东家约定有服务期，其在向老东家支付了违约金后辞了职。春节后张某按照 B 公司要求的报到时间来到 A 市，并在 B 公司附近租了房子。张某如约到公司报到，并与新上任的市场总监见面。新市场总监与张某谈话沟通后，认为张某并不是合适人选，遂向人力资源部提出将张某退回到人力资源部，市场部不接受张某的入职。

业务部门将自己不想用的人退回到人力资源部，人力资源部将如何对被"退回"人员进行管理？被退回人员是作为"市场部经理""业务员""程序员""出纳"等被招进公司，被退回到人力资源部后，人力资源部能以什么标准对被"退回"人员进行管理？是按"招聘专员"还是"绩效主管"管理这些被"退回"人员？无论人力资源部采用何种方式管理被"退回"人员，人力资源部最不能用的是按被"退回"人员本来的岗位进行管理，因人力资源部不具有管理该类岗位的基础，也不具有管理该类岗位的条件，更不具有管理该类岗位的能力。

新市场总监无论对张某有多不满意，也应当按流程让张某入职并在部长岗位上工作，然后再根据市场部部长的岗位要求对其进行考核。如果张某的确不符合该岗位的要求，市场部完全可在试用期内以考核不合格为由结束对张某的试用。此问题并不难解决，管理本就是件"麻烦"事，管理者在其位就应谋其政。

078

用工风险管理贯穿于组织的人力资源管理始终。

【解读】

招聘工作稍不注意就构成就业歧视，薪酬政策错误常引发克扣工资风险，末位淘汰是绩效管理的坑，培训不关注法律保护将为他人做嫁衣，员工关系管理更是随处充斥着法律风险，离职管理则是违法的重灾区。

079

用工风险管理不仅仅是员工关系板块的工作。人力资源各工作板块若不在自己的工作范围中加入风险管理内容，则用工风险的发生将永远无法避免。

【解读】

选、用、育、留，方方面面均与用工风险管理密不可分，不要指望员工关系板块可以扛下大旗，其在人力资源部门内部人微言轻，是话语权最弱的板块。

"员工关系"扫不了"招聘"埋的雷，接不住"薪酬"的高冷，更管不了"绩效"的任性。

080

非人力资源部门与人力资源部门通力合作，才是解决组织用工风险管理之路。

【解读】

双方独立且合作才能将人的效能发挥到最大，也才能及时规范所有的行为。各自为政、相互推诿无法有效解决痛点。

V

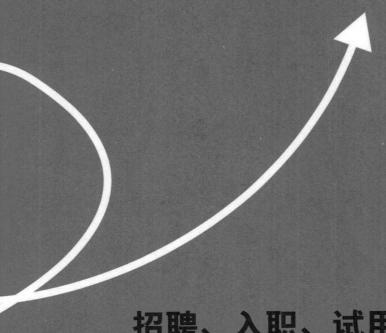

招聘、入职、试用期

　　本章将通过 24 句【解读】对招聘、入职、试用期管理等方面的风险问题进行阐述。招聘行为的不规范，入职管理动作的缺失，试用期管理的随意均是组织人力资源管理中的常见风险，此类风险将对组织整体人力资源管理带来何种影响，组织应如何正确面对和解决，本章将逐一进行分析。

081

关注人岗匹配度才能有效控制试用期管理成本和淘汰成本。

【解读】

低配、高配都将影响成本。

082

错误招聘本身的成本往往远大于试用期违法管理的成本。

【解读】

招人、裁人、再招人、再裁人，如此循环往复。为完成到职率的无效进出有多少，这是值得企业思考的问题。

083

组织往往不计算错误招聘下的招聘成本、人工成本以及损失的绩效，却死盯着无成本解除劳动关系这件事。

【解读】

人无远虑，必有近忧，短视行为祸害无穷。

084

试用期被淘汰人员对组织造成的最大损失是期间的时间成本、低绩效或负绩效，而非解除成本。

【解读】

除了稍加培训即可上岗的操作工，新人入职的前几个月基本为负绩效。新人虽不创造价值，但每月的固定人工成本是要发生的。我们假设违法解除劳动合同后不存在要求恢复劳动关系的情形，则试用期内解除劳动关系的最高可能成本就是一个月工资，即违法解除劳动合同的赔偿金。

企业和 HR 往往会对要不要支付这一个月工资金额的赔偿金纠结万分，但是企业往往忽视了随意招一个不合格人员造成的工资损失、淘汰后再次招聘的招聘成本、合格人员迟迟不能到位给企业贡献价值的损失等，这些损失加起来，远远高于大家纠结的解除成本。

招对的人，比纠结离职成本重要，更何况试用期若管理规范，本就不产生解聘成本。

085

随意招聘和淘汰，也许不引发劳动争议，但特定岗位的错误招聘或许会使组织错失人才、失去市场机会、错失时间窗口。

【解读】

A制药企业的人力资源部为配合公司战略发展广纳管理人才，其在一定期间招聘了一批高管，分别来自发展成熟的外资企业或非制药行业的头部企业，其中招聘的财务总监C先生是一家头部企业在本地子公司的财务副总，C先生到岗两个月后，A公司副总裁向人力资源部提出"C先生不符合公司要求，难以胜任公司财务总监工作"，要求人力资源部与其谈解聘事宜。人力资源部了解到，C先生到岗后，其根据原服务公司的财务体系向公司高层提出了财务工作计划，但对本公司的财务体系建设没能提出建设性意见，且其提出的财务工作思路并不符合公司高层的预期。

C先生的过往任职均在成熟公司，该类公司的财务管理体系非常成熟，无需C先生进行任何创造性工作，其按照总部的要求执行即可，作为本地子公司的财务副总，其虽居高位，但该岗位在该头部企业内部，也就是按照总部要求照章执行的权限。所以C先生可能的确不具有快速创建财务体系的工作经验和能力，不符合该制药企业对该岗位的要求。双方解除劳动关系乃必然。

该案例中，制药企业的错误在于其以为可以借助头部企业职业经理人的经验为其所用，但忽略了行业之间的差别，以及成熟企业和非成熟企业对职业经理人能力的要求存在巨大差异。成熟组织的高管虽然身居高位，但在成熟体系下，其依然可能只是个执行岗，面对不确定性其是否具有创新的能力，是需要仔细甄别的。

C先生于A公司虽不是合适人选，但两个月的时间内A公司也难有证据证明C先生试用期不合格，C先生通常也不会因此与公司对簿公堂。高级管理人员的诉求与普通劳动者的诉求是不同的。

A公司当时实际有两名候选人，一名是C先生，一名是张某。张某虽各方面也非常不错，而且有制药行业的背景，但与C先生相比，张某的老东家远不如C先生的老东家亮眼，故当时的A公司放弃了张某而选择了C先生。

086

错误招聘与组织不重视招聘需求有极大关系。

【解读】

我们来看一份招聘需求。

职位描述：人力资源主管。

要求：大学本科以上学历，人力资源管理等专业优先，认真细致的工作作风和日常人事管理的知识和技能，良好的沟通表达、文字写作和阅读能力，熟练操作电脑相关软件，二年以上人事管理工作经验。

这是一份极不规范的招聘需求，没有任何职位描述。从这份需求可以看出，企业完全不重视招聘工作，随便写了几句就投放到招聘网站。企业自己都不清楚所招聘岗位的工作内容，又怎能招聘到合适的人才。看到这么一则招聘广告，稍有点经验的应聘者立即能判断出该公司的管理水平，有质量的简历都不能收到，又何谈招到合适的人才。

087

人岗错配的另一类风险是成为行业的黄埔军校或职业跳板。

【解读】

A银行在柜员岗大量招聘研究生毕业的应届毕业生，但其实该岗位本科生就足以胜任，研究生愿意入职该岗位往往是因满意企业给出的薪资，当入职一、两年后，一旦看不到调整的希望，员工就会利用在A银行的一线经验跳槽至其他银行的其他岗。对A银行来讲，其就成了其他银行的黄埔军校，年年为友商储备、培养人才。

088

组织有权设定符合岗位特定需求的招聘条件，但就业歧视应禁止。

【解读】

特定岗位可以在招聘需求中明确设定限制性条件，比如矿山井下作业岗位对性别的限制，高空、高温作业岗位对高血压的限制，驾驶员岗位对视力的限制等等。

089

组织应如实向应聘者介绍组织和所招聘岗位的情况。对组织而言，"如实告知"是对用工风险管理的有效支撑。

【解读】

《劳动合同法》第 8 条规定："用人单位招用劳动者时，应当如实告知劳动者工作内容、工作条件、工作地点、职业危害、安全生产状况、劳动报酬，以及劳动者要求了解的其他情况"。

090

组织告知义务条款的设定应充分关注组织特性和岗位特性。

【解读】

企业不尽充分告知义务，即使将人"诓"进企业，人也会走的。比如，招聘的岗位需要经常出差，企业为了好招人，就刻意隐瞒了此情况，员工到岗后，发现出差过于频繁，已影响到家庭正常生活，则员工一定会选择辞职的。企业始终处于招人、走人、再招人、再走人的恶性循环状态。当一家企业的某一岗位长期挂在招聘网站上时，应聘者也基本能判断该岗位的情况，要么是企业在虚假招人，要么就是该岗位的流失率非常高。若不是一时半时找不到工作，没有人会往这类枪口上撞的。

091

组织的告知义务应以一定的方式进行呈现。

【解读】

口说无凭，立字为据。

092

组织的知情权有边界，且受法律约束。婚育等涉及个人隐私的情况并不属于应聘者应当告知的情形。

【解读】

《劳动合同法》第8条规定："用人单位有权了解劳动者与劳动合同直接相关的情况，劳动者应当如实说明"。

093

妥善管理应聘者的资料是组织的义务，否则将可能引发法律责任。

【解读】

《民法典》规定"自然人的个人信息受法律保护"。企业应妥善使用、保管员工的个人信息。个人信息中的私密信息适用有关隐私权的规定。

094

　　对关键岗位应聘者进行背景调查是必须环节，组织使用背景调查结果时应谨慎、合规。

【解读】

　　背景调查所得信息难免带有主观判断，企业无论是作为背景调查的调查方还是被调查方，均应谨慎。实施背景调查应符合法律规定，并取得候选人的同意。

095

录用通知书并非可随意发出或收回的书面通知，组织随意反悔将可能承担法律责任。

【解读】

录用通知书属于法律文书。企业在应聘者收到录用通知书并承诺入职后又反悔的，将承担缔约过失责任，并应赔偿候选人相关损失。录用通知书的发送有风险，想清楚后再发不迟。

当然，如果怕候选人反悔不来报到，企业也可与候选人约定违约金，要求其承担爽约的法律责任。

096

入职报到环节的风险管理设计是用工风险管理的重要节点，处理得好将对组织的用工风险管理起到极大的支撑作用。

【解读】

先说断，后不乱。

097

组织应根据管理习惯设计相应的入职管理工具并实施特定的管理动作。

【解读】

胖子穿不进 S 号的衣服，成衣只适合标准身材。北方人讲东南西北，南方人说前后左右，让南方人向东大概率就只能找不着北。

098

　　试用期是组织和劳动者双方相互考察对方的期间，劳动者可随时炒组织的鱿鱼，但组织并不可随意炒劳动者的鱿鱼。

【解读】

　　劳动者有绝对的自由，但企业只有相对的自由。

099

　　法律并未授予组织可在试用期期间随意与劳动者解除劳动关系的权利，组织于试用期内管理新人必须遵循法律规定。

【解读】

　　《劳动合同法》第二十一条规定："在试用期中，除劳动者有本法第三十九条和第四十条第一项、第二项规定的情形外，用人单位不得解除劳动合同。用人单位在试用期解除劳动合同的，应当向劳动者说明理由。"

100

录用条件并非面试后的录用依据，而是试用期管理新员工的重要法律文件。

【解读】

根据《劳动合同法》的规定，劳动者在试用期间被证明不符合录用条件的，企业可以与其解除劳动合同。

101

岗位说明书、岗位职责、绩效考核标准等文件直接作为试用期期间的管理文件是有欠缺的。

【解读】

试用期是全方位考察，不是仅仅针对新人的工作能力一项指标进行。

102

大部分组织缺少量身定制的"录用条件",且未意识到录用条件对试用期管理的重要性。

【解读】

很多企业将录用条件等同于其发布的招聘广告中的招聘需求。

103

人力资源部门闭门制定的"录用条件"，并不能有效服务于组织的试用期管理。

【解读】

互联网的发达导致各种管理工具模板满天飞。但是，没有完全一样的两家企业。不了解自己企业在管理中存在的各种情况，是无法设计出符合一线需要的管理工具，并有效对行为进行管理。

104

录用条件的拟订必须结合岗位的具体情况。

【解读】

未关注岗位具体情况制订出来的录用条件，缺乏可操作性是必然的。

VI

劳动合同及相关协议

　　本章将通过 21 句【解读】对劳动合同签订中的风险，劳动合同条款的拟订，保密协议及涉密管理、竞业限制的约定等进行逐一阐述。照抄照搬其他企业的合同文本是常见现象，但抄袭的弊端组织并不完全了解，对此问题本章也将进行分析。

105

签订劳动合同既是对劳动者的保护也是对组织的保护。

【解读】

一方面，企业不签劳动合同是公然违反法律规定的硬伤，受到法律制裁乃自食其果。另一方面，企业也应警惕员工拒签劳动合同的情形，员工碰瓷现象时有发生。

106

单独签订试用期劳动合同是组织的自害行为。

【解读】

单独签订试用期劳动合同是企业对法律的误读。试用期乃劳动合同期限中的一部分。单独签订试用期劳动合同只能使企业失去法律赋予企业的权利，使企业失去对新员工进行试用期考核的权利。

107

照抄照搬的劳动合同不一定契合组织的管理需要。

【解读】

模板是一种格式和框架，照抄照搬格式和框架结构无妨，但内容则需要企业进行个性化填充。比如，抄袭的劳动合同在薪资待遇一栏约定的是"根据薪酬管理制度执行"，如果抄作业的企业没有成文的薪酬制度，则此处就得根据企业的薪酬水平、薪酬构成、薪酬发放方式、薪酬管理需要等因素来考虑如何填写此处的工资数据。

108

借鉴的劳动合同条款可以非常完美，但组织未必懂得如何使用其中的条款。

【解读】

笔者审理案件时曾经遇到一家企业，其将劳动合同作为证据提交，劳动合同中拟定的条款非常专业，对试用期管理进行了一系列详细规定。可开庭时企业方两位 HR 一开口说话，就立刻能从中判断企业是借用了别的公司的合同文本。因为作为代理人的 HR 说"我们是因申请人试用期工作不合格与其解除的劳动关系，申请人认为其在试用期是合格的，其就应当自己举证证明，我们没有义务举证证明其不合格。企业完全未根据劳动合同中约定的试用期管理条款来阐述申请人的问题，企业的表现显然与其提交的合同水平相悖，能拟定出如此专业的文本，其管理能力不应太差。庭审后询问企业，其的确未按合同约定的条款对员工进行过管理，条款就是摆设，劳动合同文本是抄的作业。

109

劳动合同中罗列一堆法律规定条款并无实际意义。

【解读】

借用仓央嘉措的诗句改改"写与不写，我就在那里"，法律有明文规定的，照法律规定执行即可，在劳动合同中照抄一遍没有任何实际意义。纳入合同中的条款，应当是根据法律规定细化的个性化条款。

110

签订劳动合同的同时签订保密协议和竞业限制协议是非常必要的。

【解读】

未雨绸缪，勿临渴掘井。

111

组织若无保密措施和涉密管理，保密协议将是一纸空文。

【解读】

企业一般会在新员工入职时一并签订劳动合同、保密协议和竞业限制协议等文件。但是很多企业虽然与员工签订有保密协议，却对公司商业秘密完全无任何管理，涉密文件到处放，研发过程无工作底稿，重点岗位的笔记本电脑随意带进带出，移动存储设备随意使用等。

商业秘密是指不为公众所知悉，能为权利人带来经济利益，具有实用性并经权利人采取保密措施的技术信息和经营信息。若用人单位没有对自己持有的商业秘密采取任何保密措施，如何谈秘密。随处可见的东西永远不可能成为秘密。

112

保密义务是特定劳动者的法定义务，组织并不需要向其支付保密费。

【解读】

常有企业在保密协议中约定保密费条款，以为支付了保密费员工才有保密义务。

113

负有保密义务的特定劳动者，离职并不免除其应当继续履行的保密义务。

【解读】

常看到一些企业与员工签订的保密协议中约定保密期限为在职期间和离职后2年内。企业其实也不能判断其当时持有的商业秘密何时会公之于众，只要是未公开的商业秘密，对于掌握商业秘密的人来说，其就具有保密的义务。保密义务是知晓商业秘密者的法定义务，只要商业秘密未公开，知晓该商业秘密者就应当将保密义务永远履行下去，与其是否在职无关。

114

　　组织在劳动者准备离职时要求劳动者签订竞业限制协议，基本是不可能实现的。

【解读】

　　一名在劳动力市场上具有竞争优势的劳动者，为何要在离职时自设法律约束，从而导致自己不能在擅长的领域就业并获得高薪。

115

劳动者离职时，组织如果无需劳动者承担竞业限制义务，应及时书面通知劳动者。

【解读】

若企业与员工在劳动合同或者保密协议中约定了竞业限制条款或与员工单独签订有竞业限制协议，则在员工离职时企业应当书面通知其无需履行竞业限制义务，否则离职员工因未到所限制行业、企业工作而要求企业支付经济补偿，法律将予以支持。

116

组织除可与劳动者约定竞业限制，也可与股东、顾问、合作者等其他个体约定竞业限制。

【解读】

劳动者并不是唯一需要遵守竞业限制义务的主体。

117

无固定期限劳动合同不是铁饭碗，错误理解的原因是对法律条款的误解。

【解读】

管理无固定期限劳动合同劳动者与管理固定期限劳动合同劳动者，唯一的差别是无固定期限劳动合同不能基于合同到期终止，其他管理行为基本完全一样，所以，企业完全没有"恐惧"的必要。固定期限劳动合同的劳动者不可违纪，无固定期限劳动合同的劳动者同样不可违纪。固定期限劳动合同的劳动者不能胜任工作，企业可以进行调岗，无固定期限劳动合同的劳动者不能胜任工作，企业同样可以调岗。

无固定期限劳动合同不是员工的保险箱，企业完全可以依法对其进行正常管理。

118

　　当无固定期限劳动合同成了组织担心的问题，应是组织管理本身出了问题，并非法律制约了组织的管理权限。

【解读】

　　法律并未规定纵容"老油条"的条款，企业中的"老油条"是企业自己"惯"出来的。

119

劳动合同虽是由组织拟定的格式合同，但不代表组织可以随意拟定排除劳动者权利的条款，或设定免除组织义务的条款。

【解读】

比如女性员工多的企业规定员工怀孕必须排队，插队提前怀孕属于违纪；公司内部员工谈恋爱属于违纪。这些都是侵害劳动者权利的条款，企业制定这样的规定，显然就太过为所欲为了。

120

组织管理者不要总想以私法的意思自治来绕开劳动法的社会法属性。

【解读】

劳动法属于社会法范畴，双方可以自由约定的只能是法律强制性规定之外的事项。比如，最低工资标准为法律强制性规定，企业不可违反。最低工资标准以上部分的工资金额，则双方可以自由约定，五千也好，三万也罢，都是双方协商一致约定的结果，"谈钱不伤感情"。

121

组织在劳动关系里所处的优势地位，使其总想尝试随心所欲的在合同里约定点什么。

【解读】

常见企业在劳动合同中约定"乙方的工作岗位为管理岗""乙方的工作岗位为技术岗"，以为如此便可以简单粗暴地在管理岗或技术岗对员工进行随心所欲的调动。俗话说，隔行如隔山，做得了行政主管不代表做得了人力资源主管，软件工程师承担不了硬件工程师的工作。

122

用"管理岗""技术岗"进行粗暴约定，既不能实现随意调岗的目的，还会给退休办理制造障碍。

【解读】

女性员工的退休年龄为 50 周岁或 55 周岁，即我们通常所说的女工人 50 岁退休，女干部 55 周岁退休。现在不再区分工人、干部，而是按照管理岗和非管理岗进行划分，管理岗的女职工 55 周岁退休，非管理岗（执行岗）的女职工 50 周岁退休。

假设张某（女）已年满 49 岁，工作岗位为行政专员，企业将行政专员岗定性为非管理岗，但劳动合同中的工作岗位栏填写的却是"管理岗"。企业是准备在张某 50 岁还是 55 岁为其申办退休并终止劳动关系？行政专员岗究竟属于管理岗还是非管理岗？

123

组织的用工自主权是有边界的，组织并不可通过格式条款无限扩大其用工自主权的边界。

【解读】

劳动基准法是必须要遵守的。

124

组织与劳动者的"意思自治"不得突破劳动法的强制性规定。

【解读】

一些企业与劳动者签订协议约定不缴纳社保，如果发生与社保相关的事宜，后果由劳动者自负。缴纳社会保险乃企业和劳动者的法定义务，该约定违反了法律的强制性规定，损害了公共利益，当然会受到法律制裁。

125

建立劳动合同管理机制是有效防范劳动合同签订、续签、保管等环节发生风险的措施。

【解读】

照章执行比凭经验行事更可靠。

VII

规章制度的制定和执行

本章将通过 19 句【解读】对规章制度的拟订及拟订中存在的误区进行阐述。规章制度并非随心所欲地罗列一堆文字和条款，规章制度于组织的意义是什么，组织应如何制订规章制度，如何设计规章制度的条款等将是本章重点解读的内容。

126

秩序是效率的基本保证。

【解读】

无规矩不成方圆，混乱必然导致低效。

127

规章制度乃企业内部法律，是有效规范组织和劳动者行为的依据。

【解读】

《最高人民法院关于审理劳动争议案件适用法律问题的解释（一）》第五十条规定："用人单位根据劳动合同法第四条规定，通过民主程序制定的规章制度，不违反国家法律、行政法规及政策规定，并已向劳动者公示的，可以作为确定双方权利义务的依据"。

128

规章制度是为了让个体知晓行为的底线所在，并通过对公然违规的个体实施处罚以示警示，从而实现个体对规则的自觉遵守。

【解读】

白纸黑字，双方权利义务，明明白白。

129

涉及劳动者切身利益的管理规定，必须严格遵循法定程序，否则将导致管理规定无效和管理行为无效。

【解读】

根据《劳动合同法》第四条的规定，企业在制定、修改或者决定有关劳动报酬、工作时间、休息休假、劳动安全卫生、保险福利、职工培训、劳动纪律以及劳动定额管理等直接涉及劳动者切身利益的规章制度或者重大事项时，应当经职工代表大会或者全体职工讨论，提出方案和意见，与工会或者职工代表平等协商确定。企业应当将直接涉及劳动者切身利益的规章制度和重大事项决定公示或者告知劳动者。

130

组织制定管理制度应遵循程序合法、内容合法且合理的原则。

【解读】

企业规章制度规定"迟到三次属于严重违纪",这样的规定显然有失合理性。引起迟到的因素很多,如当天公共交通因特殊原因特别堵塞,写字楼的6部电梯当天只有4部运行,通行线路临时改单行道而绕行等。所以,轻易将"迟到三次"定性为严重违纪并解除劳动合同,超出了一般人的认知,通常较难认为该规定是合理的。

131

标杆企业的制度是组织的学习榜样，但绝非可照搬的标准，未内化的照抄定会引发风险。

【解读】

照搬失灵的原因在于组织不具有标杆企业的基因和文化，管理模式、管理水平及企业所在地的风土人情因素也存在巨大的差异。

132

照搬制度、模仿管理策略是导致用工风险管理失败的原因之一。

【解读】

有句话说得好，照猫画虎不是虎。

133

制度中规定了禁止性规定，但未规定违反禁止性规定的后果，这样的制度只能让组织在行使管理权时尴尬无比。

【解读】

若规定某种行为不可为，但未规定如果实施了该行为将有什么后果，则企业就不能临时创设后果，并以此进行处罚。

134

制度条款应明确、清晰，禁止模糊不清的"含蓄"表述。

【解读】

含蓄的结果就是"猜"，谁能猜透制定者的意思，谁又能猜准裁判者的意思呢。

135

模棱两可的行为规范条款将难以落地执行。

【解读】

某员工手册规定：以下行为属于严重违纪：

违反安全工作规章制度，情节严重的；

滥用职权假公济私，情节严重的；

违反公司行为准则，情节严重的。

但是，翻遍员工手册均未找到对"情节严重"的具体描述，什么程度属于"情节严重"不得而知。当对"情节严重"不能准确描述时，则依据该条款实施的管理行为将不可控，因为有一百个观众就有一百个哈姆雷特。

136

制度条款的设计应聚焦到岗位，应基于岗位分析后进行拟定。

【解读】

书中提到过，同样的行为发生在不同的岗位，其结果是不一样的。比如，企业能不能规定"禁止带手机到办公场所"，这就需要具体问题具体分析。手机是现代人与外界保持一般正常联系的必备通信工具，所以禁止携带显然不具有合理性。但是智能手机除了具有通话功能，还有拍照、录音、录像、上网等功能，针对涉密岗位禁止携带手机到办公场所或在上班时间对手机进行统一管理，就完全有必要性。

137

制度条款的设计还应聚焦行为本身、行为场景及行为背后的逻辑。

【解读】

曾遇见过员工一边请病假，一边到车间找工友聊天的情况。该行为影响了车间的正常工作秩序，让上班的工友无法全神贯注工作，还可能引发安全事故。同时，该行为也给在上班的人员一个非常坏的示范效应："这小子不像是有病的样子"，"哪天我不想上班时也请病假"。

此处涉及病假的管理、病假的真假、请假手续的完备、病假员工的休假权利与义务、公司对病假的监控以及对非当班人员进入公司的监管等。

用工风险管理是牵一发而动全身的系统工程，一个病假期间进公司闲聊的行为，结果却可能引发一系列相关管理动作的调整、修改和强化。

138

行为都是可以进行管理的，消极怠工等让企业头痛的行为亦然。无法进行有效管理不是被管理者的问题，而是组织和管理者的问题。

【解读】

在充分理解管理需求的情况下，通常可寻找到可行的合规解决方案和风险解决方案。

139

不能有效管理消极怠工者，不是法律有错，而是组织的管理缺位所致。组织习惯于将自身的管理缺位归结于法律的严苛。

【解读】

管理人终究是件麻烦事，法律不为管理者的懒政背锅。

140

简单粗暴地处罚犯错者，有可能是在鼓励消极工作，这是组织应高度重视的问题。

【解读】

少做少错，不做不错。人都是趋利避害的，自然会选择对己最有利的方式行事。

141

规则的有效性和权威性来自对规则的严格执行。

【解读】

俗话说，本没有路，走的人多了，就有路了。一人违规熟视无睹，自然慢慢都会违规。草坪上被踩出的小路如此，路上的豁口如此，企业的管理漏洞也是如此。

142

管理行为必须在合理的时间内及时做出，否则将失去行为的合理性与合法性。

【解读】

企业回头倒找漏洞进行秋后算账的行为，有违诚信。事后找补最常见的情形就是九个锅盖盖十口锅。

143

制度的缺陷和管理行为的缺失，将导致负面行为逐步蔓延。

【解读】

既然没有约束，自然随心所欲，为所欲为。

144

规章制度的朝令夕改无疑在打击劳动者的工作积极性，也是组织违法且不自知的问题之一。

【解读】

法不溯既往，这是基本法治原则。企业不可用今天颁布实施的规章制度约束颁布实施之前的行为。通俗地讲，即不可用今天的规定管理昨天的行为，一旦实施了，若结果对员工有利，无伤大雅，若结果对员工不利，则企业的管理行为将埋下隐患。

VIII

绩效管理和违纪管理

本章将通过 24 句【解读】对人力资源管理中有关胜任力管理和违纪管理进行阐述。组织因对不胜任工作的劳动者进行管理而导致的风险层出不穷，对违纪劳动者进行管理却导致败诉的结果也是屡见不鲜。组织为何会常犯此类错误，既有认知偏差的问题，也有欠缺风险管理能力的问题，还有本书中前面章节中分析的制度问题、工具问题以及执行力等方方面面的问题。

145

绩效管理和违纪管理的最大风险来自业务部门管理者的随意管理和证据缺失。

【解读】

A公司的研发中心和销售中心的话语权强大。某天负责研发的公司副总裁要求人力资源中心辞退博士张某，理由是张某的研发能力不够，欠缺自主研发能力。经人力资源中心调查，张某进入公司已经11个月，由副总裁亲自带教。副总裁也给过张某机会，在张某6个月试用期满时，副总裁与张某口头约定再延长半年试用期以观后效，如果延长期内张某依然无工作成果，则其必须无条件走人，张某表示同意。研发中心没有张某岗位的任何类型书面文件，日常工作由副总裁直接口头安排。现张某不同意离职，要求继续留在公司。人力资源中心向副总裁汇报了情况。

人力资源中心的意见是：在张某不愿意离职的情况下，公司立即辞退张某有风险。第一，副总裁虽然与张某口头约定延长试用期，但该约定本身不符合法律规定。法律规定的试用期最长期限为6个月，6个期满公司未以张某试用期不合格的理由与其解除劳动关系，则张某就自然转正了。第二，对于转正后的员工，即使当期考核证明张某不能胜任工作，公司也不能立即与其解除劳动合同，而应先行对张某进行调岗或再培训，经第二轮考核，张某依然不能胜任工作时，公司方能与其解除劳动合同，并应当依法支付经济补偿；第三，因公司根本未对张某所在岗位设定岗位职责和考核标准，所以虽然事实上张某的工作能力的确低下，但是公司因无标准，故并不能举证证明张某不能胜任工作。

关于本案，无论公司是试用期内与张某解除劳动合同，还是转正后以不能胜任工作为由与张某解除劳动合同，均无法提供证据证明，这也是很多管理者常犯的错误。企业总认为提供证据应是人力资源部门的工作职责，这是错误认知。让人力资源中心在没有证据的情况下以张某不合格为由与其解除劳动关系，实乃是"巧妇难为无米之炊"。

146

　　痕迹管理是人力资源管理应遵循的原则，也是风险管理中固化证据的工具。

【解读】

　　凡事留痕不现实，节点留痕是关键。

147

组织对"问题员工"和不胜任工作员工的管理均应建立在证据基础上。

【解读】

常言"以事实为基础,以法律为准绳"。张某上班时间躲在卫生间抽烟,抽烟虽是事实,但是没有人能证明是张某躲在卫生间抽烟。企业不能因在卫生间闻到明显的烟味,张某又恰好从卫生间里出来,为此就认定是张某抽烟,而不是其他人抽过烟。此处的"事实"指的是有证据可以证明的法律事实。

148

　　制度条款未很好聚焦自己组织的具体情况从而导致管理困难是常见现象。

【解读】

　　照抄照搬的制度多是此种情形，这也是本书强调"尽职调查"的原因所在。虽然都是发烧，但针对病毒性发烧和细菌性发烧，所采用的治疗方法是不同的。

149

　　组织对"不能胜任工作"应有明确的界定，这是很多组织缺失的一项工作。

【解读】

　　能力达标与否不是凭感觉，需要清晰而明确的描述。

150

仅有工作任务罗列，而无完成标准，将无法定性"胜任"与否。

【解读】

这是企业常见的情形。为员工布置了一堆工作任务，但员工应将每项工作完成到什么程度却没有规定，胜任工作与不胜任工作的界限是什么也完全没有设定。

151

组织将不能胜任工作与违纪行为混淆是常犯的错误。

【解读】

这是欲而不能与能而不欲的区别。

152

組織将法律明确规定的情形，生拉硬拽到不能胜任工作情形，完全是自设管理障碍。

【解读】

常见企业将员工患病后不能返岗归类到"不能胜任工作"进行处理。患病就是患病，法律对因身体抱恙不能返岗工作的情形已有明确规定，企业在管理时直接适用法律规定即可，为何要将此类情形转化为"胜任力"问题进行管理？

153

選择从胜任力角度进行管理还是从违纪角度进行管理，需要先从管理角度对行为进行深入分析，而非简单对标法律规定进行考量。

【解读】

直接用法律条款对号入座，有可能对企业正常管理造成伤害。形式上的不胜任，有可能是员工给企业挖的坑。

154

　　对某一行为选择"胜任力角度管理"还是"违纪角度管理"，是分析行为背后综合因素后的结果。

【解读】

　　企业不应被行为的表象所迷惑，应深入调查行为背后的真实目的。

155

频繁变更绩效管理政策是组织常见行为，但也是常引发风险的行为。

【解读】

这种情形在销售类岗位最为常见。根据市场情况快速调整销售政策本无可厚非，但调整的时间节点，公布实施的时间，政策变更的基础等等，企业并未做深入考量或粗暴选择忽视。

156

组织在进行绩效管理时，往往或因忽略法律规定，或因用错管理方法，而导致管理低绩效员工时发生风险。

【解读】

相关负责人缺乏法律思维和证据意识是引发风险的原因之一，随意发表意见是部门负责人常犯的错误。

157

延迟淘汰不合格人员，是对组织人力成本的浪费和管理秩序的破坏。

【解读】

勉为其难是有成本的。

158

与低绩效员工进行有效面谈，是管理者应当掌握的基本管理技能。

【解读】

面谈是技术活，不可随随便便进行。企业应对实施面谈的管理者进行相关的培训，包括沟通技巧、谈判心理学、一定的法律意识和法律知识等等。

159

影响绩效考核结果成立的是胜任工作与否的证据，而非被考核者对结果的认可与否。

【解读】

关于绩效考核结果一直是企业与员工对抗的卡点，企业极度看重员工对结果的认可，以为如此就有了证据。让员工顺利认可结果是非常有难度的，哪怕得分排名为"良好"的员工也未必认可结果，因其认为自己应当排名为"优秀"，就更别提考核结果为"不合格"的员工了。

员工对考核结果认可与否并不是关键，从证据的角度来讲，如果签字认可，结果就可立即盖棺，如果不认可，其实也无妨。员工考核结果的关键不在于员工是否认可，而在于员工是否知晓考核标准，以及企业是否有考核结果的证据。

管理需要留痕，但不是所有的管理动作都需要用签字的方式进行证明。

160

强制分布结果一般可运用于人力资源管理层面，但不一定可运用于人力资源合规管理层面。

【解读】

末位淘汰未必合法，末位与不能胜任并不能直接划等号。

161

以扣款为目标的绩效考核策略不一定违法，但一定妨碍组织目标的达成，也违背了绩效管理的目的。

【解读】

双赢才是绩效管理的目标，绩效管理工具不是为扣罚工资而生。

162

如何评价积极工作的犯错员工，需要完善的正负激励机制。

【解读】

做得多错得多，不做不错，这是不可回避的现象。而很多企业的绩效考核设计重点在扣分，这将导致积极做事之人的绩效得分比得过且过工作之人的得分低，这就变成了劣币驱良币。如何在处罚犯错的情况下同时肯定积极主动工作的正向价值，是企业应当关注并进行制度设计的问题。

163

股权激励的目的是让被激励者可为组织创造更大的价值，其不是降低人力成本的工具。

【解读】

常看到一些企业将股权激励的经念歪，企业没有激励员工的本意，目的只是为了降低工资支出和让员工承担投资风险。

164

组织想激励劳动者，但劳动者并不一定想被激励。

【解读】

不足以让人"怦然心动"的股权激励计划，员工是不会感兴趣的。

165

组织对违纪行为的管理，应做到合法且合理。

【解读】

批准请假是企业的权利，但不予批准时，也应以符合人性及公序良俗为基础，不可一概以企业有管理权限而拒绝员工的合理请假行为。

166

组织对违纪行为应有明确的界定和后果规定。

【解读】

法无明文规定不为罪，法无明文规定不处罚。

乱"戴帽子"和"缀尾巴"的规定，都将使管理行为难以落地执行。

【解读】

某制度规定，如果有以下行为属于严重违纪：

违反法律和公共秩序，情节恶劣或给公司造成损失的行为（包括但不限于以下）：

——为公司服务期内，员工如犯有较重违纪行为累计二次。

根据该制度规定，达到情节恶劣或给公司造成损失的行为将属于严重违纪。员工犯有较重违纪行为达到二次者属于情节恶劣，但将本条规定前后语句进行逻辑分析发现，二次较重违纪行为必须是因违反法律或违反公共秩序所致。企业内部违纪行为涉及违法或违反公共秩序的少之又少，表面看似可行的规定，一经分析发现几乎毫无落地执行的可能性。

168

　　组织容忍管理者突破规章制度的管理行为，是对秩序最大的破坏。

【解读】

　　有一次例外，自然会有第二次例外；有一人可以突破规则，自然有第二人要求特殊处理。

　　人性化处理的逻辑并不是为了突破规则。

IX

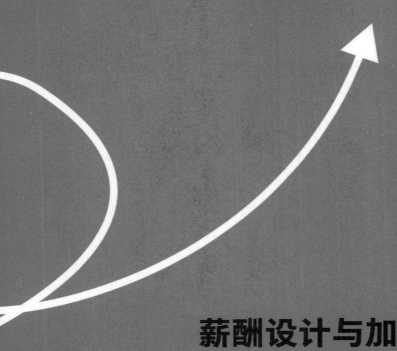

薪酬设计与加班

    本章将通过 7 句【解读】对人力资源管理中的薪酬设计和加班问题进行阐述。薪酬是组织和员工均高度关注的问题,也是组织具有高度冲动去进行压缩的问题。

    在加班文化大力盛行的今天,加班已成为一种普遍的存在,究竟应不应该加班,如何进行加班,如何支付加班期间的工资待遇等均是不可忽视的问题。

169

　　组织在设计薪酬政策时，往往对动态变化欠缺考虑，导致薪酬福利的弹性不足，难以应对政策调整、市场环境变化、组织变革等问题。

【解读】

　　组织拍脑袋简单粗暴地拟订薪酬福利政策十分常见。

170

针对不可管控过程的岗位，加班未必就是真实需要。

【解读】

走形式加班、低效加班、无效加班、跟风加班等不在少数。看见别人家执行996，自己不执行仿佛立即输在了起跑线上，结果企业与员工都不是赢家。

171

非必须加班不仅不能创造绩效，还会增加用工成本或引发劳动争议。

【解读】

未额外创造价值，还增加加班费支付风险，得不偿失，怎么算都是赔本的买卖。

172

针对某类情形一刀切薪酬政策是简单对标法条的结果，虽然合法但不一定是管理角度的最优选择。

【解读】

原劳动部关于贯彻执行《中华人民共和国劳动法》若干问题的意见第 59 条规定："职工患病或非因工负伤治疗期间，在规定的医疗期内由企业按有关规定支付其病假工资或疾病救济费，病假工资或疾病救济费可以低于当地最低工资标准支付，但不能低于最低工资标准的 80%"。

根据该规定，企业针对请病假的劳动者，统一按照当地最低工资标准的 80% 支付病假工资合法。从管理角度来看，如果企业针对不同工龄的员工设计差别病假工资支付方式，则更有利于管理。一方面，企业可以根据员工在本公司的工龄，给予工龄较长的员工在一定病假期间内高于法定标准的病假工资，以体现对老员工的一种关怀。另一方面，因病假待遇较好，又可能引发道德风险，出现故意泡病号的情形发生，为了防止管理上的漏洞，则企业需要规定当休病假时间达到一定天数后，病假工资均按法定标准执行，即按当地最低工资标准的 80% 支付。

如此规定，既兼顾了老员工的利益，也可以在一定程度上防止小病大养。

某些地区对病假工资有另行规定的，则应当按照当地规定执行。

当病假待遇进行了梯级设计时，企业就必须要注意另一个问题的衔接，即企业有比照病假待遇处理的其他情形，是否执行梯级制度？还是只按不低于当地最低工资标准的 80% 的法定标准执行。

173

　　劳动者因自身过错给组织造成损失，组织有权要求其承担相应的赔偿责任，但组织将自己的经营风险转嫁给劳动者，则不符合法律规定。

【解读】

　　《工资支付暂行规定》规定："因劳动者本人原因给用人单位造成损失的，用人单位可按照劳动合同的约定要求其赔偿经济损失"。若销售人员本身没有过错，企业却要求销售人员承担买方应付未付的尾款损失，则不符合法律规定。此尾款的拖欠或拒付属于经营风险，不应由提供劳动的劳动者来承担。

174

形式上契合法条规定的薪酬策略，有可能是违背管理逻辑的。

【解读】

根据目前的司法实践来看，在一些地区允许企业对加班工资的计算基数进行约定或规定，为此企业就以当地最低工资标准作为加班工资计算基数。如此约定或规定，既不违法还能为企业节约加班工资成本，故企业大多会采用这样的操作方式。

但是，若从企业人力资源管理的角度分析，则是虽合规但存在风险，该风险不是法律层面的风险，而是管理层面的不利后果。岗位与岗位之间的工资差别，在于不同岗位为企业创造和贡献的价值不同，加班亦然。当企业用统一标准设定一个看似最为"省钱"的加班工资计算基数，其实本质是在否定高价值岗位的贡献，是对其待遇的打折。如果加班情形为偶发，则影响不大，但当加班为常态时，则是对高工资岗位员工赤裸裸地打劫。员工虽敢怒不敢言，但心里自有一本账。

175

以不支付或少支付法定成本作为风险管理目标，对管理本身并无益处。

【解读】

前面已分析过法定成本与人力成本的辩证关系，这与企业更关注眼前利益还是中长期利益有关，也与企业的管理理念有关。

用工模式选择

本章将用 25 句解读对用工模式进行阐述分析。对用工模式的错误认知导致各种所谓的"规避"方案满天飞。"规避"一词本就是错误，组织可进行风险管理，但不可规避法律。

不同的用工模式，涉及不同的法律适用和法律后果。组织选用何种用工模式，基础不在于何种模式的人力成本更低，而在于何种模式更契合组织经营发展需要。

176

市场环境、政策因素、业务发展、成本控制等因素，均可能影响组织对用工模式的选择。

【解读】

20世纪流行的编制外临时工现已不复存在。企业不再自行配置保安、物业和保洁，转而由专门的保安公司、物业公司和保洁公司承接相关工作。互联网飞速发展，为个体提供了在线对接业务的可能性，个体作为业务的承接方在某些领域是完全可能的，也就是一句流行语所说的"工作而不上班"。网约车的兴起，向大众呈现了另一种工作模式，高兴了打开APP接单，不想接单了，将APP关掉，与朋友喝茶、聊天、打麻将，完全随接单者自己的意愿。

177

　　标准劳动关系并非组织的唯一雇佣模式，但强管理模式下"去"劳动关系是不现实的。

【解读】

　　组织与个体的法律关系，不是由双方拟定的协议名称决定的，而是由行为决定的。

178

不同的用工模式决定了组织用工风险管理策略的选择。

【解读】

不同用工模式，决定了企业的法律责任不同。劳动关系下作为用人单位的 A 公司将承担全部劳动法律责任；劳务派遣关系下作为实际用工单位的 A 公司将承担连带责任；外包情形下，劳动法律责任与作为发包方的 A 公司无关。

179

搞清楚了最低小时工资与最低月工资标准中的逻辑关系，自然就明白了非全日制用工的人力成本高低。

【解读】

从 2018 年"社保入税"开始，各种五花八门的降低人工成本的方式层出不穷，其中一个方式就是选用非全日制用工模式。"教唆"企业选用"非全日制用工"，在于《劳动合同法》明确规定，企业无需为非全日制用工劳动者缴纳养老保险、医疗保险，只需要缴纳工伤保险，且可以随时与劳动者解除劳动关系而无需支付经济补偿。为此，企业认为这是非常划算的买卖。但，事实如此吗？我们来算两笔账，大家就清楚"非全日制用工"是否真的可节省人工成本"。

以成都为例。假设保洁岗张某的工资标准为成都市最低工资标准 1780 元，加上社保公司承担部分费用 819.67 元，每月 A 公司将承担的直接人工成本为 2599.67 元（1780 元 +819.67 元）。

再假设李四、王五为小时工，为 A 公司承担保洁工作，分上下午各每天工作 4 小时，每周工作 5 天。按成都市最低小时工资标准 18.7 元计算，A 公司每月应向李四和王五合计发放工资 3253.8 元〔18.7 元 ×4 小时 ×21.75 天〕+〔18.7 元 ×4 小时 ×21.75 天〕。

根据《劳动合同法》的规定，非全日制用工可以随时解除劳动关系，且用人单位无需支付经济补偿。李四加王五的合计最低人工成本 3253.8 元与张某的最低月人工成本 2599.67 元之间的差额为 654.13，若将月差额累加，累加额是否可以覆盖企业与全日制用工劳动者解除劳动关系时所发生的经济补偿？大家可以算算。

用人单位是否选择用非全日制用工，应基于该岗位的工作内容是否需要全天在岗进行选择，而不是为了控制人工成本进行选择。

180

初创组织在职能岗聘用不专业的全职人员，还不如聘用专业度高的半职人员，此种情形选择非全日制用工才符合组织的需要，目的不是节省成本，而是用同样的成本聘用更专业的人。

【解读】

比如，聘用一位有6年人力岗位工作经验的宝妈每天半职，远比聘用一位天天在各 HR 群里到处问问题、要文件模板的 HR 小白更靠谱。

181

现行法律框架下，劳务派遣本身并不能为用工单位节约人工成本，反而还需按月额外支付管理费。

【解读】

派遣公司按月、按人头收取管理费，用工单位应按照同工同酬规定向派遣员工支付工资待遇。

182

劳务派遣用工模式存在的优势不是为了解决人工成本问题，而是为了解决三性岗位的灵活用工、异地用工以及工资总额受限问题。

【解读】

A 企业在某地设立办事处，并在当地招聘员工。因办事处不能进行登记注册，所以 A 企业在当地无法缴纳社保，而代缴社保并不合法，且涉及社保待遇申报风险。因此，A 企业的解决方案就是通过当地有派遣资质的人力公司向其办事处派遣员工，从而合法解决其在当地的用工及社保缴纳问题。

有的企业在异地有业务，人员配置数量基本就几人，所聘用的人员也多为当地人。在现行购房政策下，社保缴纳是刚需必备条件，员工不可能同意在总部所在地缴纳社保。此时，为解决企业的用人需求并兼顾当地员工的购房需求，企业将只能选择使用劳务派遣的用工模式。

183

　　使用外包的财务成本远高于使用劳务派遣。当外包不具有比自有用工更为专业、更为高效的价值时，甲方将业务外包出去就并没有实际的意义。

【解读】

　　A 企业既使用了劳务派遣，也使用了业务外包。劳务派遣公司是以其收取的管理费部分向税务机关报税，派遣员工的工资、社保部分不在派遣公司的纳税范畴。外包公司则是以其从 A 企业获得的全部外包服务费进行纳税，服务费包含外包公司的人工成本，即工资、福利、社保、公积金等，还包含业务成本、管理费用、利润、税费等。

　　受工资总额限制或人员编制限制的情形除外。

184

外包组织存在的价值在于其术业有专攻，其可以用更低廉的成本创造出更精良的产品或服务。这是其存在的核心价值所在，也是甲方将非核心业务外包的动力所在。

【解读】

外包的价值在于，甲方自己用 100 人搞不定的工作，交由专业的乙方时，乙方用 70 人就可以搞定，且完成的质量更优。乙方赚的是基于术业专攻和高效获得的利润。这样的外包，对甲方才有意义，既控制了人工成本，又转移了用工风险。

185

劳动关系下组织与劳动者之间是强管理关系，一些时髦的用工概念未必能满足组织对劳动者的强管理需求。

【解读】

企业总希望员工可召之即来，挥之即去，来之能战，战之能胜，去之无忧，走之无痕，企业无需承担任何责任。难道劳动者就傻到要自带干粮为企业提供没有任何保障的劳务？

若给得起待遇，则劳动者乐得来去自由，反而是很多企业并不敢承受双向的来去自由。

186

组织招聘实习生应为储备人才而为,若为降低成本使用实习生,不仅不能达成目的,反而会牺牲绩效,除非该岗位是可快速上岗的机械性操作岗。

【解读】

比如流水线岗位,发宣传单工作等。

187

　　年龄越大，工作效率越低，这是正常趋势，且高龄人员的工伤风险发生几率更大。

【解读】

　　用人力成本与工伤风险对赌，不是明智之举。

188

返聘退休人员不应作为优化人力成本的措施，而应是因智力类岗位退休人员的经验使其具有继续发挥余热的价值。

【解读】

人的寿命越来越长，有的职业是越老越吃香。

189

划小经营的实质是内部承包。

【解读】

内部承包不就是通过小单元独立核算、自负盈亏来充分调动人的积极性吗？本就不是新鲜事。

190

组织如果不能对内部承包建立相应的用工风险管理体系，用工风险的增大将不可避免。

【解读】

划小经营情况下，部分管理权限下放至最小运营单元。该层级的承包人，能带领团队冲业绩，但综合管理能力欠缺，引发风险的概率较大。企业各职能板块是否对划小团队提供足够的管理支撑，以及如何提供有效支撑，决定着划小经营能否成功。

划小经营的目的是效率，效率提升了，相对人工成本自然也就降低了。

191

鼓吹"员工变股东"即可优化人力成本，这不是故事，而是事故。

【解读】

鼓吹"员工变股东"是迎合"社保入税"这个话题出现的，没有一家企业的投资者会在辛苦经营多年后，因社保成本的考量就将全体员工变更为法律意义上的股东，也没有员工会基于所谓的"股东分红"甘愿自降现有的工资标准，去承担不确定的工资总额被降的风险。此种意义下的所谓"股东分红"并非投资所得的分红，其属性依然为薪金所得而非经营所得，企业想通过将薪金转变为"分红"的方式而达到降低工资总额，继而降低社保成本的目的并不能现实，纯属自己玩自己的游戏。

192

　　不要被时髦概念的表象迷惑，从管理角度稍加分析即可发现是伪概念。

【解读】

　　这是一个概念盛行的时代，也是一个因焦虑让概念层出不穷的时代。

193

灵活用工不是法律概念，也不是可解千愁的良药。算一算财务成本，伪概念的逻辑也就不攻自破了。

【解读】

我们在本书中通过对劳务派遣与外包的成本对比、非全日制用工的工资解析、"员工变股东"的分析，都可直观地看到成本的高低。

194

看一看管理的手能伸多长，能不能"去"劳动关系也就明白了。

【解读】

自2018年起，因"社保入税"生出了五花八门降低成本的"去"劳动关系策略，记得当时有家咨询公司想为某家禽养殖企业做社保入税后的人力资源管理策略项目，想法是将该企业除管理人员之外的其他全部员工变为个体工商户。我当时问了她一个问题：公司未来对员工将如何进行管理？她设想将公司的200多员工先变更为个体工商户，然后再与200多个体工商户签订民事合同，通过违约责任来约束个体工商户的工作行为。我追问她：如果某天公司有20个人没有来上班怎么办？缺岗将如何补充？违约责任能解决当天的缺岗吗？

此处，我们先不谈法律，仅仅从管理角度分析。第一，家禽养殖企业对卫生防疫有要求，员工进入公司的第一项工作就是防疫、消毒，然后才能进入工作区。第二，员工不可能按照自己的心情随意地花式养鸡。单从投喂行为来分析，饲料的配给、投喂的时间、机械设备的使用、是否要用药等，均必须严格服从公司的安排和规定。第三，喂养是公司的主营业务，员工所从事的劳动是公司主营业务范围之内的工作，公司与员工之间是强管理关系，员工相对于公司，其服从性、隶属性是不可能因一纸所谓的民事协议而消灭的。所以，即使公司的200号员工都有个体工商户的身份，但双方实际存在的仍可能是事实劳动关系。

"去"劳动关系思维下导致的事实劳动关系下的"裸奔"，对企业而言，其可能付出的代价将更大，会远远超出现有的人工成本支出。身份变更后的员工，其待遇不能低于原工资标准，社保虽然不缴纳了，但商业保险中的雇主责任险因师出无名无法购买，意外险的受益人不是企业，且"帮"企业申报 200 多个体工商户的机构，在办理 200 多个体工商户执照时可收割一次企业的韭菜，后期以报税之名将再规律性地定期收割企业的韭菜。

当企业与这些个体工商户发生纠纷被判定双方存在事实劳动关系时，由此发生的工资纠纷、假期待遇、工伤待遇等，没有一样企业是可以逃掉的，而怂恿企业将员工变成个体工商户的机构是不会为此买单的。

195

只有充分理解各类雇佣模式的法律逻辑，才有做出正确选择的可能性。

【解读】

不同的用工模式，法律适用不同，法律后果也自然存在差异。劳动关系下的企业不可随意与员工解除劳动关系，解除行为必须符合法定情形；而劳务关系下的双方则可以约定解除或终止合同。甲方企业管理劳务派遣员工与管理自己的员工没有差异，但甲方企业却不可直接对外包公司的员工进行管理。

196

共享用工并非创新，无非是将传统的借调穿上了创新的新衣。

【解读】

"借调"是 20 世纪 80 年代、90 年代就有的概念和用工模式，新瓶装旧酒并不能颠覆"借调"本身的法律属性。

197

平台用工也不是法律概念，平台经济也不是当然可以"去"劳动关系。

【解读】

并不是所有的平台都是撮合交易的信息提供商。

198

　　用到一个流行词"抓手"。商业模式创新的外衣不是阻断劳动关系的"抓手"。

【解读】

　　勿搞包装，勿搞概念，说说人话。用最为朴素的管理逻辑稍加分析，就可以知晓这些概念从行为实施的角度是否可以落地，是否可以是选择项。

199

用工风险管理不仅是为了控制法律风险，更是为了促进人力资源管理目标的达成，从而实现组织的经营目标。

【解读】

风险管理是为经营管理保驾护航的工具，防止企业触碰法律红线，预防风险带来损失。

200

诉讼追求的是零和，风险管理应关注双赢。

【解读】

    诉讼是一种非输即赢的对抗。风险管理的立足点是为了让企业的经营管理行为在风险可控的情况下有序运转，企业能够达成经营管理目标，员工可以获得工资、福利和成长等。

结束语

　　法律是秩序与效率的保障。最怕的是对法律的误读、误解，以及对法律条款的错误运用。用工风险管理不是就法律条款谈法律条款的管理，而是聚焦组织业务的综合管理、系统管理。在这个快速发展的时代，新经济模式带来的用工模式变化不是靠某一个组织自身就可以完成的，而是需要一个生态圈，这个生态圈存在的目的也不是为了让劳动关系的双方对立和"去"劳动关系。

　　在人力资源管理中找到管理与被管理的平衡点，方能推进和谐劳动关系的建设。和谐劳动关系需要组织与劳动者共同努力。

作　者

2021 年 6 月 18 日